从弃绝到医治

走出生命弃绝路
迎向天父医治恩

God's Remedy for Rejection

叶光明 著

Derek Prince

从弃绝到医治
God's Remedy For Rejection

叶光明国际事工版权 © 2018
叶光明事工亚太地区出版
PO Box 2029, Christchurch, New Zealand 8140
admin@dpm.co.nz
叶光明事工出版
版权所有

在没有经过出版方的书面许可下，本书任何部分都不允许以任何形式或手段复制传播， 包括电子或印刷形式，或以复印、录音，或以任何信息储存和检索系统的形式。

DPM23-B41

ISBN: 978-1-78263-641-0

目 录

1. 弃绝的本质 ➲ 5
2. 造成弃绝的原因 ➲ 15
3. 背叛和羞辱 ➲ 23
4. 弃绝的后果 ➲ 31
5. 天地间最大的弃绝 ➲ 39
6. 如何应用神的医治大能 ➲ 55
7. 被神的家接纳 ➲ 67
8. 神涌流的爱 ➲ 75

关于作者 ➲ 89

1. 弃绝的本质

1. 弃绝的本质

几乎所有的人在生命中某个时刻都曾经历过弃绝的感受，但很多人并不明白弃绝的本质和它可能带来的影响。弃绝本身的影响力可能不大，但它却可以给你的一生和人际关系带来毁灭性的影响。

让我们举几个比较常见的例子：没入选学校的运动队；初恋男朋友在一次重要的约会时放你鸽子，也没说明任何理由；没被渴望的学院录取；在没有合理的理由下无缘无故被裁员，公司只说：你是个冗员。

更惨的例子是，你从来没感受到过父爱，也不觉得母亲疼爱你，婚姻又以离婚收场。这一切都让你感受到无尽的痛苦。

这些经历会给人留下永久的伤痕，无论你是否有自觉。但是，这里有个好消息！那就是，神能医治你从弃绝而来的伤害，帮助你接纳自己，并且装备你向他人彰显神的大爱。但是，在接受他的帮助前，你必须先认识到问题的本质是什么。

弃绝可以被定义作一种不被需要的感觉。你渴望人们爱你，但你相信他们并不爱你；你渴望成为某个群体的一员，但是却总感觉受排斥。不知道为什么，你只能站在外围观看，却不得其门而入。

弃绝带来的是背叛和耻辱的伤痕。所有这一切，都会让受伤的人有相似的感受，就是：不被需要，不被接纳。

有些时候，弃绝造成的伤是如此的深、如此的痛，以至于我们的意念会因害怕而拒绝去思考。但是，你却知道有些什么在那儿；它深过意念、理智和记忆，存在于你的灵里。箴言书是这样描述的：

心中喜乐，面带笑容；心里忧愁，灵被损伤。

箴言十五：13

箴言的作者也告诉我们，心灵忧伤会深刻地影响一个人：

人有疾病，心能忍耐；心灵忧伤，谁能承当呢？

箴言十八：14

一个满有活力和充满生机的心灵，能够帮助人度过极大的困境，但一个忧伤的灵却会使人在生活的每一个领域跛足不前。

现今社会不断有人经历人际关系的破碎。极有可能你也正陷于困境之中，结果就是你的里面有了弃绝的伤痕。请允

1. 弃绝的本质

许我说：你应该寻找的是那乌云四围镶嵌的银色光边，而不要被乌云给遮蔽了双眼。

我相信魔鬼有某些预知的能力。牠知道神要使用你，所以先发制人打击你。从某种程度来说，经历打击有时是一种变相扭曲的恭维。那意味着撒但对你在基督里将成就的心存惧怕。因此，你万勿因受打击而气馁。根据经验，我发现那些经历过死荫幽谷的人，最后多能行走在最高处。圣经经文告诉我们：

自卑的，必升为高。

路加福音十八：14

《马太福音》中也有一节经文，正描述了主耶稣对你我遭遇打击时的感受：

他看见许多的人，就怜悯他们。

马太福音九：36a

在希腊文中"怜悯"一词的原意，令人惊叹的强大。那是一种从人腹腔生出、强而有力的生理反应。这反应是如此的强烈，甚至需要用一些具体的行为予以回应。因此，一个生出怜悯之心的人不会只是站在一旁观望，他必须，也必定要有一些具体作为。那么，为什么主耶稣会这样怜悯他们呢？

从弃绝到医治
God's Remedy for Rejection

因为他们困苦流离,如同羊没有牧人一般。

马太福音九:36b

这就是你可能的感受:疲乏,苦闷,挫败,混乱,惧怕,焦虑,整个人被压垮了。主耶稣看到了你,就像他当时看到的许多人一样。他对你生出怜悯,也渴望在你最深的伤痕中,给你带来医治。

首先,我们必须明白弃绝的真实本质。弃绝是怎样发生的?是什么导致了心灵的伤痕?回答了这些问题后,我们才可以问:要怎样才能叫这些弃绝的伤口得着医治?

一九六四年,那时我经常服事一群受烟瘾和酒精捆绑的人。我很快地发现,这些瘾头不过是树枝上长出的嫩芽而已;而支撑这些瘾头的"树枝",其实就是挫败所展现的不同形式。因此,釜底抽薪的办法就是先对付那些"树枝"。当挫败的"树枝"被砍掉后,再来对付成瘾的嫩芽就相对容易多了。当我继续这方面的服事,在面对不同人的各种问题时,慢慢地我又开始往深处探索,从树枝到树干,最后深达地面下的部分,就是树根。而这正是神寻找我们的地方,就在我们生命的深处,他要在这里工作。

现在斧子已经放在树根上,凡不结好果子的树就砍下来,丢在火里。

1. 弃绝的本质

马太福音三：10

不结好果子的树要从什么地方砍掉？当然是从树根。当我顺藤摸瓜到达表层之下，我看见一个惊人的发现。我发现人所有的问题中，最常见的根源问题就是弃绝。得出这样的结论，不是因为我是一个社会学者或是心理学家，而仅仅只是作为一个传道人，一个圣经教师的观点，我清楚的看到弃绝造成的影响之大，不容小觑。

你可曾看见过靠在父亲膀臂下的孩子？他的小手抓着父亲外套的领子，小脑袋瓜顶着父亲宽广满有安全感的胸膛。也许在他四围有各样的威胁，但孩子一点也不觉得。他的小脸蛋写满了安全感，因为他在属于他的地方，在他爸爸的膀臂保护之下。

神是人性的设计者。这是每一个来到这世界的婴儿与生俱来的安全需求。一个孩子如果失了父母，特别是失了父亲的爱，就不可能真正得着完全的满足感和安全感。

任何一个被剥夺了这种爱的人，无可避免会留下被弃绝的伤痕。几乎一整个世代的美国父亲们都在这方面有所失职。因此，之后一整个世代的美国年轻人，最深、最基本的问题就是弃绝。

在父母和子女破碎关系的图画中，还存在了婚姻破碎的数据。今天，破碎的婚姻大约占了整体婚姻的一半。几乎所有的

从弃绝到医治
God's Remedy for Rejection

案例中,婚姻破碎的一方或双方都有弃绝的伤痕。通常里面还包括了因背叛带来的苦楚和伤痛。

当我们看到今日社会种种的压力来源,特别是破碎的家庭生活时,我相信,至少美国有一半以上的人正经历着不同形式的弃绝。无疑神早已预见到关系破碎导致的末日危机,因此在圣经《玛拉基书》中,给了我们如下的应许:

看哪,耶和华大而可畏之日未到以前,我必差遣先知伊莱贾到你们那里去。他必使父亲的心转向儿女,儿女的心转向父亲,免得我来咒诅遍地。

玛拉基书四:5-6

由关系破碎导致的弃绝,最后的结果就是咒诅。但是,对那些因着主耶稣转向神的人,神提供了从咒诅中得医治的解药。

是怎样的医治方式呢?弃绝的反面又是什么呢?当然就是接纳。这也清楚地告诉了我们,当我们借着主耶稣来到神面前的时候,神会给我们什么供应。"他使我们在爱子里被接纳"(He has made us accepted in the beloved. 以弗所书一:6。译注:根据新英王钦定版直译),也就是说,我们在耶稣基督里受到完全的接纳。

这里"接纳"一词的希腊文原文,是一个非常有力的词汇,大大强过"认同"。在新英王钦定版中,路加福音一章

1. 弃绝的本质

28 节，同样的这个希腊文，则被翻译为："蒙大恩的"。

当你借着耶稣基督来到神面前，你不仅被接纳，也是蒙大恩的，就像主耶稣在阿爸父眼中一样。这是一个让人惊叹的事实：神怎样爱主耶稣，也同样的爱你，因你已成为神家庭中的一员。

胜过弃绝的第一步就是承认问题所在。一旦你承认问题所在，就能正面对付它。请记住，你不是孤单一人，神会帮助你面对所在的问题。

对此，让我给你一个具体的画面。二战期间，当我还在北非沙漠的医疗队担任勤务兵的时候，我和一位技术高超的医生一起共事。当时敌军空投的炸弹在我们附近的某处爆炸，一位士兵因而受伤，弹片卡进了他的身体，他走进我们的医疗站来接受治疗。我在他的肩头看见一块小小的黑色刺入伤痕。看到这个情况，我马上给他清洁伤口，尝试做进一步的治疗。我问医生："我可以拿一块纱布给他敷上吗？"

医生说："不急，先给我一个探针。"于是，我递给他一个小小的银针头，他把这个针头插入伤口，然后轻轻转动。刚开始什么事也没有，当针头碰到卡在肉中的微小弹片时，伤员忍不住大叫起来。这时医生知道他已经找到了问题所在。

当我再次询问是否需要包扎时，医生回答说："不，把钳子给我。"他把钳子伸进伤口，取出了里面的弹片。直到这个时候，医生才对伤口进行包扎。

如同上述的例子，你也可以在弃绝的伤口放上"宗教的纱布"，但那无法根治伤员。因为伤口里面仍有异物，那会持续导致伤口溃烂。

然而，你若愿意向圣灵敞开心，他会显示问题的根源所在。当圣灵的探针碰到了埋在深处的"弹片"时，你也许会大叫，但请不要抵挡圣灵的工作！请向他求问，求圣灵用他的钳子将里面的异物清除。让神继续医治你，使你真正得着痊愈。

当你继续往下读这本书，你会发现你正开始从弃绝走向接纳。顺着这条路走下去，你还会学到该怎样来对付背叛和耻辱。最后，我也会告诉你如何让天父的大爱借着你，流淌向其他的人。

我和很多很多人分享过这个信息。他们也都认识了何为生命中的弃绝伤害，并成功地从中得了医治。因此，你也可以借着神的恩典，从弃绝的伤害中得着医治。

2.

造成
弃绝的原因

2. 造成

在所有人与人的关系中都伴随着弃绝的风险。有些弃绝的伤害来自学生时代，或许是因为你穿了件旧衣服；因为不同的族裔隔阂；又或者是身体的残疾。这些都可能让你在学校受到孤立和嘲笑。很多人会因着他人与自己的不同备受困扰，当这些人不知道怎样认同与尊重他人时，他们就会主动弃绝、伤害别人。

而最具破坏性、最严重的弃绝伤害，往往是从父母那儿得着的。有三种主要情形会导致这种伤害产生。首先是怀孕时期就不被期待的孩子。母亲也许在怀胎时并不想要这个小孩。或许她并没有说明，但心里却有这种想法。其次，这孩子也许是私生子，作母亲的厌恶和憎恨这给她生命带来各样麻烦的孩子。这样的孩子一出生，就会有弃绝的灵进入他里面。

我在美国服事时，就发现一个奇特的现象：在某个年龄层的人，似乎极普遍的都有早期被弃绝的迹象。当我继续追溯这现象的缘由，我发现这些人大都是出生在经济大萧条时期。我开始理解到那个时期母亲们的心情，因为整体社会经济的困难，如果家里已经有很多张嘴要吃饭，真的很难想象多生养一个孩子，生活会变得多么艰辛。殊不知，她内心里这样不得已的心态，已经影响了这未出生孩子的灵，让孩子在出生前就受了伤害

另一种情形是，父母没有用肢体具体表达他们对孩子的爱。你应当曾经在大众运输系统上看过这样的贴纸，写道："你今天拥抱你的孩子了吗？"这是一个非常好的提醒。一个很少得到肢体接触的孩子，往往容易变成一个有弃绝感的孩子。

有时，即使父母深爱自己的孩子，却不知道该怎样表达对孩子的爱。我最近和一些人谈起这问题，有人就这么说："我想我父亲是爱我的，但他从来不知道该怎样表达。他从来没把我抱起放在他膝上过，也从来没有具体向我表示过他爱我。"

如果你今天和那些对父母怀有苦毒和悖逆的孩子们说话，他们多半会告诉你："爸妈让我们衣食无忧，受良好的教育，甚至行有车、住有游泳池，但他们从不给我们时间，也从不将自己给我们。"

我想这就是上世纪六〇年代，年轻人对上一代心怀苦毒的原因之一。这是对缺乏爱的物质主义的一种响应。很多充满苦毒和叛逆的年轻人是来自富有的家庭。他们得到除了爱以外的所有东西。殊不知，爱才是他们最需要也最想得到的。

2. 造成

父母离婚也会给孩子带来弃绝的感受。在单亲家庭长大的小孩，若是由母亲独自抚养，从曾经拥有温暖的父爱，而今突然在生活中失了父爱，孩子的心灵必然产生伤痛的空洞。

若是父亲因外遇，投向另一个女人的怀抱，孩子心里的反应会有两方面：一是对父亲充满苦毒，另一是对那女人充满仇恨。孩子心里会产生因弃绝而导致的深刻伤痕，甚或会这样想："我最爱和最相信的人都不要我了。从今以后，我也不会再相信任何人了。"

而往往在这时候，做母亲的可能因为要独立扶养孩子而承担很多新的责任，可能无法如往昔般给予孩子全心的爱和关注。这种情况下，孩子无异经历到双重的弃绝：从父亲和从母亲而来的双重弃绝。

第三种弃绝则来自父母给与的爱不均等，无论是无心还是刻意。我曾留意过一个生养三个小孩的家庭。老大很聪明，什么都懂都会，作为家庭的头一个孩子，有着与生俱来的特权。老二相较之下就没那么聪明。接下来的老三则是又可爱又聪明。逐渐地，老二越发感觉自己不如另外两个手足。不知不觉间，父母也越发喜欢赞扬老大和老三，对中间的老二甚少提及。类似这样的情形中，老二不免感受到被弃绝、不被需要。他（她）会想："爸妈只爱我的哥哥和妹妹，根本不爱我。"

另一方面，有时候家中某一个小孩遭遇不平等的对待，或是过多的爱和关注，都会让并未受特别关注的孩子感觉遭到弃绝。我记得有这么一个故事：一个妈妈有好几个女儿，但她特别喜欢其中的一个。一天她听到隔壁房间有声音，她以为是她最喜欢的那个女儿，就叫道："是你吗，亲爱的？"这时，从那房间传出她另一个女儿的回答，声音满怀沮丧，说："不是，是我。"这时候，这母亲才意识到她对某个女儿的特别关注，已经给其他小孩带来了负面影响。于是她悔改，并积极寻求修复和其他孩子破碎关系的方法。

让我再给你举另外一个例子，这例子会让你看到，弃绝如何从一个人的幼年期起，自灵里开始影响一个人的成长。多年前我在迈阿密的一个教会服事，在一次前往拜访某个姊妹前，我做了一件平日几乎不可能做的事。我对她说："姊妹，如果我没有错的话，我感觉出你身上有死亡的灵。"

为什么我会这样对她说呢？因为她有各种值得开心的理由，但她就是开心不起来。她有很体贴的丈夫和孩子，但在她脸上几乎少有笑容，看起来她总是愁眉不展，就像个一直怀有哀伤的人。虽然我极少对人这样直话直说，但我感觉那晚上我需要和她挑明这点。

我说："这周五晚上我会在迈阿密教会讲道。如果你愿意来，我会为你祷告。"

聚会开始的时候，我注意到她已坐在前排。再一次，我做了件平常不会做的事。在聚会中，我走到她面前，对她说："奉主耶稣的名，你这死亡的灵，我命令你现在回答我。你是什么时候进到这个女人里面的？"然后这个灵，不是这个妇人，非

2. 造成

常清晰地说："就在她两岁的时候。"我继续问："你是怎么进入的？"

再一次，这个灵回答道："哦，因为她感觉遭到弃绝、不被需要，感到孤独。"

那天晚上，那个妇人从死亡的灵下得了释放。但是几天后，这事仍不停地在我脑海回旋，给了我一个新的看见，看到弃绝导致的结果如何影响一个人的生命。不仅弃绝本身是有害的，它也让其他负面、具毁灭性的势力随之进入，逐渐占据一个人的生命。弃绝的确有如树根般，从根开始，很多有害的东西因此靠它延伸扩大。

从那时候开始，我给成百上千的人做祷告释放的服事，带领他们走出因弃绝产生的灵里辖制。这个例子中的女人明显很痛苦，但是弃绝并不总是外显的，弃绝也可以是隐藏的，成为我们里面的内在态度，如影随形。弃绝的问题是藏在灵的领域。凭借经验我学习到：每一种负面的情绪、反应或是态度，都和相应的灵有关。藏在惧怕后面的是惧怕的灵，躲在嫉妒后面的是嫉妒的灵，而隐身在仇恨后面的，就是仇恨的灵。

当然，这并不意味着每一个经历过惧怕的人，内里就藏有惧怕的灵。但是，如果一个人不由自主地，习惯性或经常性地感到惧怕，这就极有可能为惧怕的灵开了一扇通往心灵的门。一旦门开了之后，这个人就再也不能控制自己，而为这惧怕的灵所掌控。

这也应用在其他的情感反应上，譬如嫉妒或者仇恨。很很多时候，弃绝给其他的邪灵开了门，让牠们都可以进来。就像之前所说的，弃绝是很多毁灭性情感和态度得以延伸扩大的根源。

接下来的例子，让我们来看一下由弃绝导致的破坏进程是怎样进行的。

一个小女孩因为父亲既严厉又缺乏关爱，感受到父亲的弃绝，因此而产生恨意。当这仇恨越来越深，到了一个地步，甚至无法压抑。

当她成年后，结了婚，也有了自己的孩子。不知从何时起，她发现自己竟开始恨自己的某个孩子。这仇恨的产生毫无理由，还是她不能控制的；这就是仇恨的灵在作祟。那时她的父亲已经不在她身边，然而这仇恨就直接针对她其他的家庭成员倾巢而出。

仇恨的灵可能导致的另一个恶果就是，她憎恨所有的男人，甚至可能让她成为同性恋者，以避开所有和男人的正常接触。

下一章里，我们将分享弃绝最常表现的一种方式，那是很多人都经历过的，就是在最深的亲密关系中出现的背叛。我也将描述通常在这种经历下伴随出现的羞耻感会是如何。

3.

背叛和羞辱

3. 背叛和羞辱

在上一章，我们讨论了一些在孩提时代导致弃绝的主要原因。当年岁渐长，因着和他人的亲密互动，我们会暴露在更多可能遭受弃绝的情况下。如果在这种亲密关系下受到伤害，特别是受到婚姻中配偶的弃绝，必然会对生命造成多重的伤痛。因为最亲密的信任关系已被破碎，也就生出因背叛而来的愤怒。

就像许多其他的牧者一样，很多时候我也会辅导一些自觉已经失去一切的妻子，因为她们信任自己的丈夫，毫无保留地奉献自己给丈夫，但最后她们的丈夫却抛弃了她们，这叫作妻子的深感遭到背叛。我也和那些背叛妻子的丈夫们谈过话，当然也从中目睹许多不同形式的背叛。

你是否曾遭人背叛过？如果有，那么你的感受与响应是如何？

当有人背叛你，你也许会说："我再也不会对人敞开心门了，因为我不想遭到第二次的伤害。"这是一个自然的反应，但也非常危险。因为封闭自我会导致另一个问题，就是自我防御过当。这是人在经常遭遇伤害后的自然反应，当一

从弃绝到医治
God's Remedy for Rejection

个人进入自我防御模式时,通常会这么说:"好,我没事,我可以继续我的人生,但是绝不会再让任何人靠近我、再一次这样伤害我。我要在我和其他人间竖立一堵防卫的墙来保护自己。"

这么一来,你知道是谁最痛苦吗?是你自己。你的身心灵会枯萎,变得不再健康。就像一棵树,主要的枝干被砍掉了,整棵树就变得扭曲不堪。

《以赛亚书》中,我们看到一幅关于背叛的具体画面。主借着以赛亚安慰他的百姓以色列,将他们的情况描绘成一幅图画。在这幅图画中,主将以色列百姓比作被丈夫离弃的妻子,遭遇如今数百万计女性所熟悉的痛苦;但是在这里,主向她们赐下了安慰的话语,说:

> **不要惧怕,因你必不致蒙羞;也不要抱愧,因你必不致受辱。你必忘记幼年的羞愧,不再记念你寡居的羞辱。因为造你的是你的丈夫;万军之耶和华是他的名。救赎你的是以色列的圣者;他必称为全地之神。**
> **耶和华召你,如召被离弃心中忧伤的妻,就是幼年所娶被弃的妻。这是你神所说的。**
>
> 以赛亚书五十四:4-6

这段描述在"被离弃心中忧伤的妻,就是幼年所娶被弃的妻"的画面中,到达了顶峰,很多人应当都知道这画面所

3. 背叛和羞辱

描述的感受。当然有些时候这样的离弃是来自妻子这一方，而受离弃之苦的是丈夫。通常我们会认为男人应当比女人坚强，但从很多辅导的个别案例看来，一个遭妻子离弃的男人，经常承受了说不出口的痛苦。他会感觉身为一个男人的失败，在某种程度上对男人而言，经历这样的伤害有时更加艰难，因为这让他感到额外地羞辱。我们的社会都期望男人刚毅坚强，情感的伤痛不值得一提；然而事实并非如此。

《以赛亚书》生动地指出了两个通常与婚姻背叛相关的事情：蒙羞与受辱。借着以赛亚，主说："你必不致蒙羞……你必不致受辱。"当你毫无保留地对待一个人，将你的爱倾倒在他身上、让自己完全属于他，最后却发现：他离弃了你。所有这一切必然会带来蒙羞和受辱的伤害感。

当你莫名不敢面对他人，甚至不能直视他人的脸，那也说明了你正遭受"蒙羞"之苦。那些感觉蒙羞受辱的人，在面对他人的时候，通常会避开人的眼目或低头闭眼。因为羞辱感会使人软弱无力，以致丧失正常与人沟通的能力。

除了因婚变导致的背叛，另外还有两个常见的原因会让羞辱感严重影响人的灵。那就是公开的羞辱和幼时遭到的虐待。

公开的羞辱常发生在求学时期。举个例子，我和我妻子认识一个很不错的年轻犹太人，名叫马科斯。他已经接受了耶稣为他生命的救主，但他生命中仍旧存在一些问题。一次我和他谈话时，发现他灵里有极大的羞辱感，当我们询问他这个疑问时，他向我追述了高中时代发生的一件事。在某一年学期结束时，校长当着所有学生的面宣布说："马科斯是全校唯一成绩不及格的学生，所以下学期需要重新再读一学期。"

从那时候起，马科斯再也不是以前的他了。他将自己封闭起来。为了证明自己，他变得过度积极活跃，甚至带有攻击性。这样拚命急于证明自己不输人的心态，其实已经有问题了。马科斯需要先认识并且承认羞辱感已在他的生命中产生影响，才能解决根本的问题。

另一种背叛和羞辱的源头就是，在孩提时代遭遇性方面或身体方面的虐待。让人痛心的是，这两种伤害的源头在当今社会非常普遍。孩童也许不敢、也羞于告诉他人自己所遭遇的虐待，因施虐者竟是自己的父母、祖父母或其他亲戚。受虐的孩子不知道是否还能再信任虐待他的亲人。因此，他不断在两种态度中挣扎：一方面是不再信任；另一方面是被迫表示尊敬。然而，一个被自己父母虐待的小孩，要怎样才能去尊敬他的父母呢？这是多大的痛苦啊！

因此，有这样遭遇的人，终其一生或许都没有办法解决这样的冲突感，并可能是成为一个一直隐藏在心中的秘密。但是，无论任何时候，我们都可以来到主面前，向他倾吐所有这些隐藏的秘密。任何事都不会让神轻看或感觉震惊，而

3. 背叛和羞辱

且他绝不会弃绝而不顾。我们可以把发生在自己身上最糟糕的事情对他倾诉，他会这么说："孩子，我知道你所经历的一切，而且我爱你到底。"

然而，即使神已给了我们全备的接纳，但弃绝、背叛和羞辱导致的深远影响却常常拦阻我们对神爱的理解。因此，在下一章，我会具体来谈这个主题。

4.
弃绝的后果

4. 弃绝的后果

我相信,弃绝导致的最大后果,就是无法接受爱,不能用爱沟通。一个从来没有经历过爱的人,当然无法传递爱。圣经这样告诉我们:

我们爱,因为神先爱我们。

约翰一书四:19

神的爱激励我们用爱去回应他。爱如果没有被激发,就只能一直安静等待。如果没有这样的互动,生命中永远也不会有爱。因此,一个人如果没有经历过从神或父母那儿来的爱,就不可能有代代相传的爱的能力。举个例子,一个小女孩从小在家庭中没有经历过爱,她的灵里存有弃绝的伤痕,以致无法用爱来沟通。当她长大成家自己做母亲后,虽有了一个女儿,但因为她不知如何用爱沟通,所以她的女儿也有同样的问题。因此,弃绝导致的可怕问题就一直存在,代代相传。

从弃绝到医治
God's Remedy for Rejection

在辅导这些灵里有弃绝伤痕的人时，我经常这么疾呼："务要叫这会代代相传的弃绝，在此时此刻就停止。为什么不现在就让它停止，以防弃绝的灵再传到下一代？难道你要把它留给你子孙后代，当作光荣的遗产吗？"

神借着以西结宣告，儿女不应该承受因祖先错误而导致的痛苦。

> **耶和华的话又临到我说：**
> **"你们在以色列地怎么用这俗语说'父亲吃了酸葡萄，儿子的牙酸倒了'呢？"**
> **主耶和华说："我指着我的永生起誓，你们在以色列中，必不再有用这俗语的因由。看哪，世人都是属我的；为父的怎样属我，为子的也照样属我；犯罪的，他必定死亡。……遵行我的律例，谨守我的典章，按诚实行事——这人是公义的，必定存活。这是主耶和华说的。**
>
> 以西结书十八：1-4、9

因此，即使你的父母从来没有向你表现过爱，神却不希望你或者你的孩子继续承受这样的错误。只要你接受神属天的供应，就可以一次性彻底砍断那邪恶的遗传。除了不能彰显爱，弃绝还会导致一些其他不堪的后果。在弃绝的影响下，会出现三种不同类型的人格：自暴自弃，强颜欢笑和立即反击。

4. 弃绝的后果

首先我们来看自暴自弃的类型。这种类型的人常会怀有这样的想法:"我受不了了。生活对我来说太艰难了,我根本无能为力。"

根据我的辅导经验,这种想法给一系列的负面情绪、态度,敞开了一扇大门,造成如下的连锁反应:

最终的结果就是一场悲剧。简而言之,这是出于弃绝而导致的一系列合乎逻辑的后果。是否最后会导致自杀死亡则取决于每个人的情绪特质。有些人的反应基本是被动的,最

终就会导致死亡。其实,弃绝是很多被归类于自然死亡案例的直接诱因,却常为人所忽略。

一个走在死亡道路上的人,内里都有一个寻死的渴望。你是否曾经说过这样的话:"我不如死了算了。"或者"活着有什么意义呢?"这是非常危险的说话模式,甚至可说,这是对死亡之灵进到人里面的一个邀请。

相对的,怀有激进个性的人也会走向自杀,以此作为极端的解决方式。这类人会这样自问:"人活着到底有什么意义?"然后他们会加上一句:"我干脆结束它算了。"通常个性越激进的人,越视自杀为一种能让那些叫他痛苦之人受伤的方式。他们内里的思维模式是这样的:"我要报复那些让我痛苦的人,这样他们就会感受到我的痛苦了。"

按照美国疾管局的统计数字,美国青少年自杀的数字让人震惊。在一九九〇年,5 岁至 24 岁的年龄层,有超过五千人有过自杀行为(编注:在二〇一八年的现今,已增至上百万不止)。

大多数案例中,导致自杀的根源其实就是弃绝,却被忽略了。这些年轻人也许无法准确用语言表达内心的感受,但是深究下去,他们的确感受到不被需要与不受重视。

你现在是否开始意识到,自己也有一些我所描述的症状呢?如果你发现自己对某些事件的响应无以控制,极可能并不单纯是你的负面情绪所致,很有可能是邪灵的影响力,是牠在搅扰你的情绪。

4. 弃绝的后果

如果是这样,千万不要让你的意念存有让牠入侵的破口。务须认清你的问题所在,才是攻克的第一步。在稍后的章节,我会继续分享如何藉由祷告来对付这种邪灵的搅扰。

第二种因着弃绝而导致的人格特质,就是外表看似正常,内里却建造了顽固的防御工程。看得到的只是外在的正面假像,内里却充满了挣扎和痛苦。一些给自己建造防御工程的人,通常都有着开心的外表假像。这种人看起来活泼外向,善于言谈,但声音是虚伪的,就像金属片摩擦作响一般,并不具厚实的质感。一个有这种外表的女人通常会化浓厚的妆,她的姿势也是夸张的,声音却不愉悦,而是夸大。她会刻意表现得很开心,好像自己很圆满,好像生活完美无缺。但是实际她内心的想法是:"我已经遍体鳞伤,绝不会再给他人机会,容让再一次的伤害。我不会再让他人靠近我、伤害我。"

就像我之前所提到的,这种行为通常是对背叛的反应。今日美国社会,成千上万的人都有类似的情况。

第三种类型的人,就成为一个反击者,他凡事反击。他对弃绝的反应通常是如下三步骤:首先是愤怒;再来是仇恨;最后是悖逆。圣经告诉我们,悖逆和邪术其实是孪生兄弟。

悖逆的罪与行邪术的罪相等。

撒母耳记上十五:23

所谓行邪术的罪，简单讲就是指参与巫术，寻求错误的属灵经验。巫术包括了：占卜版、星相、算命、降神会、毒品等等，是一整个黑暗的权势。这种罪，实际的表达就是悖逆，也就是离弃真神，寻求假神。违背了十诫的第一条。

除了我以外，你不可有别的神。

出埃及记二十：3

基本而言，上世纪六十年代的年轻人，他们的成长轨迹就是：愤怒→仇恨→悖逆，然后最终通常会进入巫术。就像我之前提到的，原因并不在于他们没有得到物质的好处，乃是因为他们没有感觉到爱。唯有爱，才是他们真正需要的。

接下来的这章，我们会一起来看主耶稣如何医治那遭到弃绝所生出的伤痕。

5.

天地间最大的弃绝

5. 天地间

神在福音里给我们的每一个供应都是基于事实。我们可以用以下三个词汇总结这个认知的进程：事实—信心—感觉。福音便是基于这三个简单的事实：依圣经教导，基督为我们的罪死了，被埋葬，第三天从死里复活。哥林多前书十五章 3-4 节，保罗告诉我们，这些事实就是整本福音的基础。是真真确确的事实。

信心是以事实为根基，立基于事实、接受事实、相信事实，并且倚靠而行。然后，在事实和信心之后的，才是感觉。

你的信心是奠基于事实还是跟着感觉，这会导致极大的差异。如果是跟随感觉，你会非常善变而不稳定。你的感觉会跟着环境变化，但事实永不改变。基督徒生命要不断成长，就必须相信事实，即使我们的感觉让我们产生怀疑。

要接受神对弃绝的医治，必须抓住两个基本事实。首先，神并没有为人类的每一个具体需求提供各式各样的供应，他为全人类提供的是一个包罗万象的供应，就是主耶稣基督在十字架上受死、牺牲。

其次，神亲自策划了这在十字架上的交换。所有因着我们的罪而导致的刑罚和结果，都归到了主耶稣身上；所有因着主耶稣无罪的顺服而有的益处，都归给了我们。就我们而言，做任何事都无以配得，也没有任何资格或权利说我们可以配得。这完全是出自神长阔高深的大爱。

因此，借着我们自以为有的良善来到神面前是完全徒然的。我们做的任何事，没有一件能够和主耶稣为我们在十字架上的受死牺牲相比较。与为我们的罪而钉死的神独生爱子的圣洁纯全相比，我们"所有的义都像污秽的衣服。"（以赛亚书六十四：6）

这奇妙的启示可用以下的这句话来总结：
浩大恩典神爱深，救我罪人得永生。

当你读下面这段经文时会发现，十字架上的交换为我们所成就的各个层面：

基督既为我们受了咒诅，就赎出我们脱离律法的咒诅；因为经上记着："凡挂在木头上都是被咒诅的。"这便叫亚伯拉罕的福，因基督耶稣可以临到外邦人，使我们因信得着所应许的圣灵。

加拉太书三：13-14

5. 天地间

神使那无罪的，替我们成为罪，好叫我们在他里面成为神的义。

哥林多后书五：21

你们知道我们主耶稣基督的恩典：他本来富足，却为你们成了贫穷，叫你们因他的贫穷，可以成为富足。

哥林多后书八：9

因为受死的苦，就得了尊贵荣耀为冠冕，叫他因着神的恩，为人人尝了死味。

希伯来书二：9

你看到了这个交换吗？基督承受了我们的咒诅，使我们可以承受祝福。他担当了我们的过犯，使我们可以得享他的公义。他担当了我们的贫穷，使我们可以得享他的富足。他担当了我们的死亡，使我们可以得享他的生命。这是不是一幅很美的图画？

这神圣的交换也同样适用于我们的羞耻和弃绝。希伯来书作者如此说：

仰望为我们信心创始成终的耶稣。他因那摆在前面的喜乐，就轻看羞辱，忍受了十字架的苦难，便坐在神宝座的右边。

希伯来书十二：2

从弃绝到医治
God's Remedy for Rejection

主耶稣非常清楚知道他要在十字架上经历的公开羞辱是什么。事实上，钉十字架的首要目的之一就是羞辱那被钉十架的人——一个人赤身裸体被挂在十架上，路人走过，随意侮辱，甚至行不可描述的可憎之事。

七百年前在先知以赛亚的预言中，便具体描述了主耶稣将要经历的痛苦：

人打我的背，我任他打；人拔我腮颊的胡须，我由他拔；人辱我，吐我，我并不掩面。

以赛亚书五十：6

主耶稣心甘情愿为我们承受了在十字架上的羞辱。神给我们的替换是什么，再一次，我们看到以赛亚书中如此描述：

你们必得加倍的好处，代替所受的羞辱；分中所得的喜乐，必代替所受的凌辱。

以赛亚书六十一：7

我更愿意将凌辱一词，诠释为尴尬或者是羞辱。但那些不再是个人的羞耻，尴尬和羞辱，因神供应给我们的是尊荣和喜乐。希伯来书二章10节进一步告诉我们，借着耶稣的受难，神定意要"领许多儿子进荣耀里去"。

喜乐、尊荣和荣耀，所有这一切给了我们，代替羞耻和受辱。现在我们来到一切伤痕的最深处—弃绝。主耶稣在十

5. 天地间

架上承受了双重的弃绝：首先是被人弃绝，其次是被天父弃绝。

以赛亚清楚描述了主耶稣是如何被他的乡亲所弃绝：

他被藐视，被人厌弃；多受痛苦，常经忧患。他被藐视，好像被人掩面不看的一样；我们也不尊重他。

以赛亚书五十三：3

除此之外，还有更糟糕的事要发生在我们救主身上。马太福音描述了主耶稣在十字架上的最后时刻：

从午正到申初，遍地都黑暗了。
约在申初，耶稣大声喊着说："以利！以利！拉马撒巴各大尼？"就是说："我的神！我的神！为什么离弃我？"站在那里的人，有的听见就说："这个人呼叫伊莱贾呢！"内中有一个人赶紧跑去，拿海绒蘸满了醋，绑在苇子上，送给他喝。其余的人说："且等着，看伊莱贾来救他不来。"
耶稣又大声喊叫，气就断了。忽然，殿里的幔子从上到下裂为两半，地也震动，盘石也崩裂。

馬太福音廿七：45-51

这是在全宇宙历史中第一次，当神的儿子祷告时，天父没有听他的祷告。神掩面不看他的儿子，掩耳不听他的呼求。

为什么？因为在那时刻，耶稣正担当了我们的罪。天父在那时刻对耶稣的态度，实则是神的圣洁对我们罪的态度：弃绝与之相交、彻底和完全的弃绝。耶稣经历这一切并不是因着他自己的缘故，而是为我们的罪献上挽回祭。

耶稣在十字架上极度痛苦的最后一刻，用亚兰话的呼喊，对我来说意味深远。我曾在探访医院病人时见过类似状况。人在遭逢极大压力和病痛，或濒临死亡的时候，通常会使用他们在孩提时代习得的语言。我看过很多类似的情况，让我印象深刻的是我的第一任妻子吕底亚，当她要回天家前，她低声用她的母语丹麦话说：谢谢祢的宝血。

上面这段经文非常清晰的描述了主耶稣的人性：在他遭遇极大的疼痛和痛苦时，他的意念回到了他在孩提时代家里的语言。于是他用亚兰话大声呼喊。

想想那可怕的黑暗，想想那份孤独，那种被完全弃绝的感受——先被人弃绝，再被神弃绝。你我或许也经历过弃绝，但绝不可能经历像主耶稣那样的弃绝。耶稣饮尽了弃绝的苦杯。他在十字架上原可以再延续几小时，但他死于心脏破碎。是什么让他心碎？是那天地间最大的弃绝。

接着，我们看到那以迅雷不及掩耳之势临到、惊天动地的后果：

忽然，殿里的幔子从上到下裂为两半。

马太福音廿七：51

5. 天地间

这意味着什么？简单说，就是神和人之间的鸿沟清除了。借着耶稣十字架上的受死，人可以坦然无惧来到神面前，不再有羞耻，罪疚和惧怕。耶稣担当了我们的弃绝，使我们可以承受他的接纳，这就是幔子裂开的意义。天父的弃绝远过于耶稣所能承受的，但是感谢神，我们因此可以直接来到神的面前。

现在我们再来看神如何成就，并完成对我们的接纳：

愿颂赞归与我们主耶稣基督的父神！他在基督里曾赐给我们天上各样属灵的福气：就如神从创立世界以前，在基督里拣选了我们，使我们在他面前成为圣洁，无有瑕疵；又因爱我们，就按着自己意旨所喜悦的，预定我们借着耶稣基督得儿子的名分，使他荣耀的恩典得着称赞；这恩典是他在爱子里所赐给我们的。

以弗所书一：3-6

神在创世以先的永恒目的是什么？就是让我们成为他的儿女。这只能借着主耶稣在十字架上舍命，方得以成就。耶稣担当了我们的罪，承受了我们的弃绝，为我们能被接纳打开了一扇门。只为了让我们可以成为神的儿女，在十字架上那个特定的时刻，基督失去了神儿子的地位。

圣经新英王钦定版在以弗所书一章6节给我们提供了这一段特别的亮光："使他荣耀的恩典得着称赞；这恩典是他

从弃绝到医治
God's Remedy for Rejection

在爱子里所赐给我们的。"这就是弃绝的解药：耶稣担当了你的弃绝，使你能得享他的接纳。

想想这让人震撼的启示！我们是神特别关爱和看顾的对象，是在宇宙中他最眷顾的族群！

他没有把我们推到一个角落，然后说："在那儿等着。我忙着呢，现在没空搭理你。"也从来没有一个天使说："嘘！别作声！你老爸在睡觉。"

神乃是说："来吧！我欢迎你！我很想了解你，我爱你，需要你。我等候你很久了。"

在路加福音十五章 11-32 节浪子的比喻中，浪子的父亲代表了神向我们的那颗心，一直观望、渴望着儿子回家。虽然没有人告诉他："你儿子要回家了。"但第一个知道儿子归家的就是父亲。神在基督里向我们的心，就像这老父亲一样。我们不再被弃，我们不再是二等公民，我们不再是奴仆。

当浪子回来的时候，他愿意做一个奴仆。他想说："父亲……把我当作一个雇工吧！"（路加福音十五 18-19 节）但是当浪子承认他的罪时，父亲打断了他的话，不允许他说：让我成为一个雇工。

恰恰相反的是，父亲说："把那上好的袍子快拿出来给他穿；把戒指戴在他指头上；把鞋穿在他脚上；把那肥牛犊牵来宰了，我们可以吃喝快乐；因为我这个儿子是死而复活，失而又得的。"（路加福音十五：22-24）

5. 天地间

全家开始上上下下忙着准备，欢迎浪子回归。就像在天家一样。耶稣说："一个罪人悔改，在天上也要这样为他欢喜，较比为九十九个不用悔改的义人欢喜更大。"（路加福音十五：7）这就是神在基督里欢迎我们的方式。

在这里，有两个事实我们需要紧紧抓住。首先，基督在十字架上担当了我们的弃绝，所有的羞耻、背叛、痛苦和心痛。事实上，他在十字架上就是死于心碎。

其次，我们得接纳是因为他被弃绝。我们在爱里蒙了接纳。这是一个爱的交换。耶稣担当了我们的罪恶，使我们得享益处，他担当了我们的忧患，使我们能得享他的喜乐。而我们所该做的，就是抓住这两个基本事实。

若干年前在一个大型营会中，我正准备上台讲道，差点和一个快速迎面而来的女士撞上。她神情紧张地说："哦，叶弟兄，我正在向神祷告。如果神想我对你说话，就让我们见面。""是吗？"我说："我们见面了！出了什么问题？不过我只能给你两分钟，因为我马上要讲道了。"她开始述说，但半分钟后我打断了她的话："等等，我知道你的问题是什么了，我不需要再听其他的说明了。"我说："你的问题是弃绝。我知道答案了。听着，我需要你跟着我大声作一个祷告。"

在此之前我并未告诉她我要说的话。我只是简单带她作了祷告，她一个字一个字跟着我祷告。

从弃绝到医治
God's Remedy for Rejection

> 阿爸天父,
>
> 感谢祢爱我,祢将独生爱子主耶稣给了我,为我而死。他担当了我的罪,承受了我的弃绝和刑罚。靠着主耶稣我能来到祢面前,我不再被弃绝,不再是没人要的,不再被排斥。祢实在爱我。我实在是祢的孩子,祢也实在是我的天父。我是属神家的儿女,是属于这个宇宙中最好的家。天堂是我家,我完全属于它。哦,阿爸父神,感谢祢,感谢祢。

祷告结束后,我说:"阿们,再见,我得走了。"然后我就离开了。

一个月后,我收到了一位女士寄给我的信。介绍了见面经过,她说:"我想告诉你,你和我在一起的那两分钟,和我跟你作的那祷告,彻底改变了我整个生命。在那之后,我成为一个完全不一样的人了。"

在读她的来信时,我明白了在和她一起祷告时所发生的事:她走出了弃绝,进到了接纳。

神的家庭是最好的家庭。没有哪个家庭可以和神的家庭相比。即使你的原生家庭不在乎你,你的亲生父亲弃绝你,你的亲生母亲从来没给你关注的时间,你的配偶从来不向你示爱,但请记住,神需要你。你被神所接纳,你是大大蒙恩的;你是他特别宠爱和关注的对象。他在宇宙中所做的一切,都是以你为中心进行。

5. 天地间

在哥林多后书,保罗对哥林多那群表现平平的基督徒说:"凡事都是为你们。"(哥林多后书四:15)

神所做的每件事都是为我们做的。当你意识到这点的时候,你就不会骄傲自大,倒会让你谦卑。当你一旦看见神的恩典时,你里面不可能再有骄傲自满的余地。

更重要的是,主耶稣在钉十字架前,和门徒作的最后的祷告,不仅是为那些跟随他的人,也为那些将来要跟随的人。(见约翰福音十七:20)

这个祷告是关乎我们和神,及我们和天父的关系。

最后是这样结束的:

公义的父啊,世人未曾认识你,我却认识你;这些人也知道你差了我来。
我已将你的名指示他们……

约翰福音十七:25-26a

耶稣是怎样向我们介绍神的名的?他说神是我们的天父。犹太人以雅威的名认识神已经一千四百年了。但是唯一能以父亲之名来介绍的,唯有他的独生爱子耶稣。在主耶稣为门徒的祷告中,有六次提到神,都是用"父"。(约翰福音十七:1, 5, 11, 21, 24, 25)

当主耶稣祷告时说:"还要指示他们……"(约翰福音十七:26B),意思是在说他会继续启示神是天父,而我们就会得着这样的属天启示:

"……使你所爱我的爱在他们里面,我也在他们里面。"

约翰福音十七:26C

我清楚明白这里意思是:因为主耶稣在我们里面,所以神对我们的爱和他对耶稣的爱是一样的。在神面前,我们和耶稣一样宝贵。但是,这里也有另一个涵义是,因为耶稣已在我们里面,所以我们可以如同耶稣般,去爱父神。

这里表明了耶稣在地上事工的终极目的:把我们带入和圣父、圣子一样的爱的关系里。这包括了两个层面:天父对我们和对基督的爱是一样的,我们也可以用耶稣对天父般的爱,去爱我们的父神。

蒙爱的使徒约翰告诉我们:

爱里没有惧怕;爱既完全,就把惧怕除去。

约翰一书四:18

当我们和父神有了这样爱的关系,就不再有罪疚、不安全和被弃绝之感。

也许你对生身父亲有不好的回忆(虽然神本意是让每一位作父亲的都能彰显他的父爱,但是很多父亲在这方面失败

5. 天地间

了）然而，你仍旧有一位爱你、理解你、竭力为你着想、为你作最美计划的天父。他绝不会放弃你、绝不误解你、绝不会和你作对，也绝不会弃绝你。

对某些人来说，简单宣告在基督里的接纳，承认神是我们的天父，就能解决弃绝的问题。但是对其他某些人也许还不足够。如果你感觉自己的问题还没有解决，还需要进一步的帮助，请跟随我一起进入下一章，我会说明一些特别的具体操作步骤，让你能够有效地领受神给你生命中的供应。

6. 如何应用神的医治大能

6. 如何应用神的医治大能

在这一章我们要来谈神医治的大能了。你允许圣灵将他的探针放进你的伤口,好显露那导致疼痛和感染的原因吗?你准备好接受神的医治了吗?下面有五个连续步骤,需要你按次序进行

○ **步骤一:**

先承认你问题的本质,并明确地面对它的身分:弃绝。神总是把我们带到真相面前,即使我们知道能接受他帮助,但在此之前,真相仍然会让我们害怕,甚至觉得痛苦。

○ **步骤二:**

让耶稣作你的榜样。

因基督也为你们受过苦,给你们留下榜样,叫你们跟随他的脚踪行。

彼得前书二:21

从弃绝到医治
God's Remedy for Rejection

耶稣如何面对弃绝？在世上三年半的时间，他完全将自己的生命委身在行善、赦罪、赶鬼释放和医治病人的事工。最后，罗马的统治者让耶稣的同胞犹太人选择，让他们在两个牢狱之人中，选择释放一个：无罪的那撒勒人耶稣，或是身负政治反叛和谋杀罪的罪犯巴拉巴。

在此，我们看到了人类历史中最让人惊叹和悲剧性的决定：犹太人弃绝了耶稣，选择了巴拉巴。一群暴民叫嚣着："不要耶稣！钉他十字架！我们不要他！我们要巴拉巴，那个叛乱者和杀人犯。"

但耶稣却为那些主张钉他十字架的人，作了这样的祷告：

父啊！赦免他们；因为他们所做的，他们不晓得。

路加福音廿三：34

因此，步骤二就是饶恕。这不是件容易的事，若靠自己是难以做到的。但你不是靠自己做，当你来到这一步骤时，圣灵在一旁与你同在，如果你降服于他，他会赐给你所需用的超自然恩典。

或许曾伤害过你的人已不在世上，你也许会想："那伤害过我的人都已经死了，为什么我还需要饶恕他呢？"其实他是活着或是已经死了，并不重要。饶恕是为了你的益处，并不是为其他人的益处。

6. 如何应用神的医治大能

我认识一个优秀的年轻弟兄。当他听了这饶恕的重要后,发现自己多年来对死去的父亲仍充满着苦毒、怨恨、愤怒和反叛。于是他带着妻子,开了几百哩路车程,到父亲的墓地。他让妻子在车里等候,他独自一人去到父亲墓前。他跪在父亲坟前好几个小时,将心里各样对父亲的不满倾泄出来。直到他完全饶恕了父亲才起身。当他走出墓园时,他已经是一个全新的自己,不再是过往那个对已故父亲仍心怀怨怼的儿子。

有一件事年轻人特别需要记住,这对父母和子女间的关系特别重要。

十诫中唯一一条带应许的诫命也和这直接有关,那就是孝敬父母,申命记五章16节这么说:

当照耶和华你神所吩咐的孝敬父母,使你得福,并使你的日子在耶和华你神所赐你的地上得以长久。

可以确认的是:如果你不孝敬父母,你的日子也绝不会好过;但如果你孝敬父母,神会使你得福,在世长寿。(见以弗所书六:2-3)

你或许会这么对我说:"我的母亲自己品行不端,我的父亲又是个酒鬼日日沉溺于酒精,你仍旧期望我孝敬他们吗?"我的答案是:是的,你仍需要孝敬他们。不是因为他们的所做所为,乃是因为他们是你的父母亲—而这是神对你的要求。

从弃绝到医治
God's Remedy for Rejection

　　当我刚得救、得着圣灵的洗后,我认为我比自己的父母亲懂得更多。马克吐温曾这样轻鄙地说,在他离家多年后再回家时,他惊讶地发现父母亲在他离家的这些年间学了很多东西!我曾经也是这样看父母,但是有一天,神向我启示说:"如果你期望日子平顺蒙福,就需要学习孝敬父母。"我的父母现在都已经离世,但感谢神,我的确学到了该怎样孝敬他们。而我认为这也是我之所以蒙福的原因之一。

　　我清楚看到这一原则:那些尊重父母的人被祝福,那些弃绝孝敬父母的人,生活从来没有真正好过。他们的日子从未被神祝福。

　　拒绝饶恕是一个极常见、对神祝福的拦阻。这也可应用在丈夫和妻子的关系之中。记得有一次我遇见一个妇人,她来请求我为她做释放祷告。我对她说:"你要先饶恕你的丈夫。"

　　她说:"在他毁了我十五年的生活,和另一个女人跑了之后,你要我饶恕他?"

　　我说:"哦,难不成你是想让他再毁掉你剩下的人生?如果是这样,那你就继续恨他吧!因为那会毁掉你的余生。"

　　请记住,不是那被怨恨的人最为受伤,恰恰相反的是那怨恨人的人。如同人们形容得了胃疾的人说:"不是这个人在吞吃东西,而是有东西在吞吃他。"

　　饶恕不是一个情绪,而是一个决定。虽然你嘴上说"我不能",其实你是在说"我不想"。只要你能说"我不想",

6. 如何应用神的医治大能

也就能够说"我想"。你的肉体本能或许不能饶恕,但是你的心灵能够选择饶恕,只要求问神,让他的饶恕进到你里面,帮助你来饶恕。如果你愿意,圣灵会赐给你能力,他也愿意赐给你能力,你就能够饶恕。

⊃ 步骤三:

下定决心,除掉那些因着弃绝而在你生命中积存的坏果子,如苦毒、愤怒、仇恨和悖逆。

还记得那个在跪在父亲墓前的年轻人吗?这些坏果子是有毒的,如果你在心中滋养它们,它们就会毒害你的整个人生,给你带来很深的情绪问题和身体的疾病。请你用意志力坚定说出你的决定:"我要清掉苦毒、忿怒、仇恨和悖逆,这些生命中的坏果子。"

戒酒辅导员会对戒酒的人说:"忿怒有如奢侈品,那是你无法长久承担的。"这话对我们所有人,也同样真实。没有人可以一直承受忿怒,因为它代价太高。

⊃ 步骤四

在此步骤,你只需要单纯地接受,并且相信神已经为你成就的大事。

他使我们在他爱子里被接纳。

以弗所书一:6,新英王钦定版直译

从弃绝到医治
God's Remedy for Rejection

当你借着耶稣来到神面前,你会发现你已经被接纳。在神没有次等的孩子,他并不是容忍你,而是爱你,关心你并看顾你。让我们来看看以弗所书对此的精彩描述:

> 就如神从创立世界以前,在基督里拣选了我们,使我们在他面前成为圣洁,无有瑕疵;又因爱我们,就按着自己意旨所喜悦的,预定我们借着耶稣基督得儿子的名分,使他荣耀的恩典得着称赞;这恩典是他在爱子里所赐给我们的。

以弗所书一:4-6

神在永恒中的目的就是让我们成为他的孩子,借着主耶稣在十字架上的舍命牺牲,得以成就。你唯一需要做的就是相信神愿意让你成为他的孩子。当你借着耶稣来到神面前,就表示他已经接纳了你。

⊃ 步骤五:

接纳你自己。这却往往是所有步骤中最难的一步。我常告诉基督徒:"万勿妄自菲薄,不要自我批评、小看自己。因为你不是你自己创造的,乃是神创造了你。"

以弗所书二章 10 节告诉我们:"我们原是他的工作。"被译为"工作"(workmanship)一词的希腊文原文是 poema,英语中的诗歌(poem)一词就是由此而来。可见"工

6. 如何应用神的医治大能

作"这个词中的艺术创造何其奥妙。我们是神的杰作,在神所有的创造中,我们是他花费最多时间精心创造的。

何等奇妙,神从废渣中寻找他创造的材料!回顾以往,你或许觉得生命充斥着失败和错误—破碎的婚姻、偏行己路的小孩、财务困窘。因此,你也许会给自己贴上"失败者"的标签。但神却对你说:"你是我儿女。"神已接纳了你,所以你也要接纳你自己。当你借着主耶稣来到神面前时,你就是一个新造的人。

若有人在基督里,他就是新造的人,旧事已过,都变成新的了。一切都是出于神;他借着基督使我们与他和好。

哥林多后书五:17-18

不要再以认识基督之前的你来评估自己,因为从认识基督起,你已经成了一个新造的人。现在,你唯一的自我评估标准就是神如何评估你,而在基督里,你已成为一个新造的人了。当你按着神的话语再次宣告你在基督里的身分时,就已抛弃了那个旧的、负面的自我认知,开始学习接受新造的自己。

你是否已经按照上述这五个步骤进行了?如果已经做了,那么你现在还需要作一个宣告,将神对你的接纳盖印在心版上的释放祷告。你可以用自己的话来祷告,倘若不确定该怎样祷告,这里有一个祷告范例,可以提供你用来为自己

从弃绝到医治
God's Remedy for Rejection

祷告：

　　主耶稣，我相信祢是神的儿子，是到神那里去的唯一道路。祢为我的罪死在十字架上，又从死里复活。为着我所有的罪，我愿意悔改，也饶恕曾伤害过我的每个人；正如神饶恕了我一样，我也饶恕所有那些曾经弃绝、伤害我的人。因为，主耶稣，祢也饶恕了我。

　　我相信主祢真真实实地接纳了我，因祢为我在十字架上成就的一切，现在我将接纳自己是大大蒙恩的，也是祢特别关爱的儿女。主啊！谢谢祢爱我、需要我。祢的父就是我的父，天堂就是我永恒的家，我是神家庭的一份子，这宇宙中最好家庭的一员。我已得着了接纳，深深感谢祢，谢谢祢主耶稣！

　　主耶稣，现在我按照祢创造我的方式来接纳我自己。我是祢手的工作，谢谢祢为我所成就的一切。我相信祢已开始在我生命中作奇妙的工作，我相信祢会一直动工，直到我地上生命的末了。

　　主耶稣，现在我宣告：我要脱离一切黑暗、邪恶、在我生命伤痕处破坏我—邪灵的影响力，我要从中得释放，求神帮助、释放我的灵，让我进入在祢里面的喜乐。

　　祷告是奉靠主耶稣基督宝贵的名求，阿们。

　　此时此刻，就是从折磨你的一切邪灵中得释放的时刻。

6. 如何应用神的医治大能

如果你感觉到有任何势力在抵挡你刚才祷告的话语，那必是邪灵的作为。很可能你意念中会出现这样的词汇：弃绝，愤怒，自怜，仇恨，死亡，或其他的负面字眼。这都是圣灵在显明这些仇敌的身分。你要叫出牠们的名字，毅然弃绝牠们，然后从这一切负面的影响力下完全得释放。不管牠是用什么形式呈现，你都要赶逐牠。无论是厉声喝斥，还是哭泣呼喊，甚或是尖声大叫，不管用什么方式，总之就是彻底赶牠出去！

这是你一直期待得释放的时刻。不要担心面子问题，只要接受圣灵给你的一切帮助。

当你经历释放后，要开始赞美神，大声地向他称谢："主耶稣，感谢祢，主耶稣，赞美祢。主耶稣，我爱祢！谢谢祢解救我。谢谢祢让我得自由。谢谢祢为我作的一切。"

感谢神让你的释放得着印记。现在，你已为你自由的新生命做好了准备。

7.

被神的家接纳

7. 被神的家接纳

在得着完全接纳的功课中,还有一个重要步骤:就是寻找在神子民中的接纳。这意味着去发现你在基督身体中的位置。作为基督徒,我们绝不会是孤立的个体,乃是与其他基督徒产生连结,进入与其他基督徒的关系之中。这关系是透过每日生活中的各种"接纳"展现出来的。我们被天父接纳是第一步,也是最重要的一步。然而,接纳也需要在与其他基督徒的关系中表达出来。众基督徒一同组成一个身体,每一个基督徒都是这身体的一个部位。诚如保罗所说:

正如我们一个身子上有好些肢体,肢体也不都是一样的用处。我们这许多人,在基督里成为一身,互相联络作肢体,也是如此。

罗马书十二:4-5

既然我们是一个身子上的肢体,当中的每一个肢体都彼此互属,若离了其他肢体,绝不可能找到完全的满足、平安和接纳。如哥林多前书十二章 14-16 所说:"身子原不是一个肢体,乃是许多肢体。设若脚说:'我不是手,所以不属乎身子;'它不能因此就不属乎身子。设若耳说:'我不是眼,所以不属乎身子;'它也不能因此就不属乎身子。"

你是身体的一部分。你可以是脚,是手,是耳朵,或者是眼睛。但是,若离了身体的其他部分,你就不完整了。其他部分离了你,也同样不完整。这就是为什么找到自己在身体里的位置是这么的重要。

哥林多前书十二章 21-23 节说:"眼不能对手说:'我用不着你;'头也不能对脚说:'我用不着你。'不但如此,身上肢体人以为软弱的,更是不可少的。身上肢体,我们看为不体面的,越发给它加上体面;不俊美的,越发得着俊美。"

因此,我们当中没有人可以对其他人说:"我不需要你",因为我们彼此需要。神创造身体,是让所有的肢体彼此依赖。没有任何肢体可以独立工作。我们每一个都是,你也不例外。你需要其他肢体,而他们也需要你。找到你在身体里的位置,会使接纳成为每日真实的经历。

新约赐给基督徒的另一幅图画是一个家庭。我们都是同一个家庭中的成员,主耶稣在教导门徒祷告时,用"我们的天父"作为祷告的开始。这告诉我们:我们有一位天父,那就是神。意思是说我们得着神完全的接纳,如同父亲接纳儿女般。还有,这父是"我们的",而不是"我的",也就是说,

7. 被神的家接纳

我们是一个家庭中的成员,而这个家庭中还有很多其他的子女。当我们找到在这个家庭中的位置,并进入这个家庭时,我们的接纳在横向的关系上也产生了连结。因此,从纵向而言,我们发现了从神而来的接纳;从横向而言,我们得着了神家庭的接纳。

这样,你们不再作外人和客旅,是与圣徒同国,是神家里的人了。

以弗所书二:19

与家人身分相对应的是外人和客旅。在神的家中,我们不是外人和客旅,我们是家人。一九六三年我移民到美国,但是直到一九七〇年,我才成为美国公民。有近七年的时间我在这个国家算是客旅。很多生下来就是公民的人不明白作为一个客旅意味着什么。

每年年初,我得填写司法局的一份表格,告知他们我在境内的居住地。他们要查看我在美国国境内的记录,看看是否有任何可疑之处,甚至让他们足以把我驱逐出境。不仅如此,我甚至不具备任何选举的权利。

此外,当我出境后再入境时,在海关处我得排在特别的入境行列,是和美国公民分开的行列,我要被查验护照,同时还得出示我的绿卡,以证明我具有美国的永久居留权。

从弃绝到医治
God's Remedy for Rejection

公民和外国人在身分上有很明显的差异和区别。只要你是外国人,你就不属于这个国家。但是神说:"你不再是外人。你属于这个家,你在这里面,是我家庭的一部分。"然而,惟有当你找到自己在这个家庭中的位置,这才成为真实。诗人如此写道:

神叫孤独的有家……

诗篇六十八:6a

你是否孤独?数百万人经历孤独的痛楚。他们没有意识到,神为孤独的人预备了家庭。

……使被囚的出来享福;惟有悖逆的住在干燥之地。

诗篇六十八:6b

神的目的就是带你进入家庭。当这样行时,他就打碎了捆绑你的锁链,把你带入了幸福的神家。只有那些弃绝神权柄的人,才会住在干燥之地。你或许会想,那要如何才能成为神家的一员呢?你可以加入教会、团契、宣教机构等群体。这些团体的名称不重要。但是,找到一个能使你真正被接受的群体却不是那么容易。在我的另一本书《婚约》(Marriage Covenant)中,我列出了九个在寻找加入属神的团契时,当注意的问题,建议你在加入前需要慎重考虑:

7. 被神的家接纳

1. 他们是否尊荣并且高举主耶稣基督？
2. 他们是否尊重圣经的权柄？
3. 他们是否给圣灵运行的空间？
4. 他们是否具备温暖和友好的态度？
5. 他们是否在每日生活中活出他们的信仰？
6. 他们是否彼此建立关系，而不仅仅只是参加崇拜聚会？
7. 他们是否针对你的需求，有效地提供牧养辅导？
8. 他们是否开放地和其他基督徒群体相交？
9. 你在他们中间，是否感觉放松，如同在自己家中一样？

如果你的大多数答案都是肯定的，那么在这个团契中你就会感受到温暖。切勿停止寻求神，直到你得到从他而来的确切指引，但也请留意：也许你不见得能找到完美的团契。

现在你知道如何逃避孤独和隔离感的方法了，那就是成为一个有生命的基督身体与教会机构的一员，在当中找到自己的位置和功用，你就会经历到生命的丰盛与满足。

在《婚约》那本书的最后，我鼓励每个寻找神百姓中自己位置的人，作如下的祷告。我将这祷告附录在下，如果这祷告说出了你心中的感受，你可以先阅读，然后再用你自己的话来祷告。

从弃绝到医治
God's Remedy for Rejection

> 天父,我承认我的孤独和不完全,我渴望"住在你的殿中"(诗篇八十四:4),委身于基督徒属灵家庭的一员。如果在我里面还有任何障碍,请求祢挪走它。求引导我找到这样一个团契,让我的渴望能被满足,也帮助我能委身其中。
>
> 奉主耶稣基督的名祷告,阿们。

如果你真诚地作了以上的祷告,我向你保证,在你生命中将会有改变发生。他会给你一个新的方向和新的伙伴关系,也会给你打开一扇新的门。他会带领你走出干燥之地,让你成为他家庭和他身体的一部分。

8. 神涌流的爱

8. 神涌流的爱

简要回顾一下前面已经分享的要点：我们看到很多人都曾经历到弃绝、背叛和羞耻的属灵伤痕所导致的痛苦。起因可能包括：父母的忽视与疏离、婚姻与家庭的破碎、公开遭受的羞辱和幼年时的受虐。

透过在十字架上舍命，主耶稣医治了我们受伤的灵。为了让我们能够被神和神的家所接纳，他甘心替代我们的罪，被神和人所弃绝。他以自己承受了耻辱，为叫我们享有他的荣耀。他舍命为我们死，好叫我们可以领受他永恒的生命。

对某些人而言，承认耶稣基督为你所做的，能立时带来释放，但对有些人来说，仍旧需要进行如下的医治释放步骤：

1. 让圣灵帮助你，找出你是如何遭弃绝伤害，以及伤害的所在。
2. 接着要饶恕那些伤害过你的人。
3. 并抛下那些弃绝所产生的破坏性果子，如愤怒、苦毒、仇恨和叛逆。
4. 然后，接受神已经在基督里接纳你的这一事实。
5. 并且接纳你自己。

从弃绝到医治
God's Remedy for Rejection

弃绝导致的最大影响就是无法接受人的爱,也无法与他人有爱的互动。这就是为什么弃绝会是经历神的爱最大障碍的原因。神要在我们的生命中作工,帮助我们认识何为神的爱。

神不仅仅向我们显明他的爱,更将他的爱流向我们,然后借着我们再涌向广阔的世界。这个过程中有两个持续性的阶段:首先,是神爱的倾倒;再来,是神爱的工作。这第一个阶段是极大的超自然经历,而第二个阶段则是逐步、渐进的属天品格的养成。

将属天的爱与人的爱相比较,是极具启示性的。我年轻的时候,特别仰慕英国文豪莎士比亚的作品。莎士比亚的作品中,特别青睐爱与死亡的主题。他期望爱在某种程度上能成为对死亡的逃避。

在他的〈十四行诗〉中,特别提及一位被称为"黑女士"的,她显然是莎士比亚挚爱的情人。诗中,他尝试说服黑女士,虽然容颜衰老,但是他对她的爱,会借着诗歌,使她不朽(译注:〈十四行诗〉的第 18 首):

8. 神涌流的爱

我怎样能把你比做夏天？
你比它更可爱也更温和：
五月的娇蕾有暴风震颠，
夏季的寿命很短就度过。
有时候当空照耀着烈日，
又往往它的光彩转阴淡；
凡是美艳终把美艳消失，
遭受命运和时序的摧残。
你永恒的夏季永不凋零，
而且长把你的美艳保存；
死神难夸你踏它的幽影，
只因永恒的诗与你同春。
天地间能有人鉴赏文采，
这诗就流传就教你永在。

（译本1 戴镏铃译）

我欲将君比夏昼，君更娇艳更媚柔。
疾风吹摇五月蕾，夏日苦短行矣休。
时或骄阳何炎炎，常见金乌遭遮掩。
美人之美易消逝，偶失天夺亦可怜。
君之长夏永不逝，君之花容能久驻。
阎罗终未拘君去，不朽君因不朽句。
世间有人人能看，我诗长存君并存。

（译本2 海外逸士译，《致其所爱》To My Love）

从弃绝到医治
God's Remedy for Rejection

　　这是莎士比亚献给"黑女士"最颠峰的爱情——他诗词中的不朽。确切的说，莎翁的诗词已经存活了四百年，但"黑女士"却早已魂归天家。

　　虽然莎士比亚对爱能达到的境界有很高的期待，但是我得说，他最后仍旧心怀失望。因为我曾经也走过那样的路，所以我想我理解他的失望所在。

　　长达二十五年之久，我遍寻诗词、哲学和世界，探索其中的愉悦，寻求心智的挑战，希望能找到永恒和让人满足的寄托。但是我越寻求，越无法感到满足。我不知道自己到底在寻求什么。直到有一天，当主将他自己启示给我，让我得着圣灵的洗礼时，我才一瞬间明白，这就是我多年来一直寻寻觅觅的。我参加教会敬拜二十年，没有人曾经指点过我这一点。神将他浩大的爱倾注在我心中，完全地给我带来最终的满足。

　　让我们继续探索，当我们用神的爱去爱人，会发生什么事呢？请留心，我不是说用莎士比亚的爱，而是神的爱。罗马书中有这样让人震撼的话语说：

盼望不至于羞耻，因所赐给我们的圣灵将神的爱浇灌在我们心里。

罗马书五：5

8. 神涌流的爱

当盼望或爱是植根在神里面时，就永远不会让人失望，因为神已经将他完全的爱倾注在我们心里了。神是毫无保留的，当他将圣灵赐给我们的时候，他就已经将所有的爱彻底、完全地倾注给我们了。

二战期间，我在英军某医疗队担任护理员，那时我已经在海外驻扎了近四年半之久，主要在北非地区，然后又转至当时被称为巴勒斯坦的地区。我在苏丹也待了一年时间，那里当时真是一片荒凉、干燥的沙漠地带。按照一般人的想象，苏丹或苏丹人应当是没什么吸引人之处。然而，当我在圣灵中受洗，向我启示他给我的命定时，他也开始把对苏丹人超自然的爱放在我的里面。

那时部队安排我短期滞留苏丹北部一处名为阿特巴拉的地方，那里刚好是一个铁道的交会点。我负责一个专门收容部队伤员的小型接待站，站内只有三张床，我的工作是当一有伤员时，就要联络城里的医生前来诊疗。这是我军旅生涯中，第一次我可以自主，也是第一次我拥有了一张可睡觉的床。并且在这个接待站中，除了一些配给设备外，我还有一件像医疗人员的白色长袍可穿。在驻防的那段时间，我将近有三年的时间，晚上都只穿着内衣睡觉，这让我真是忍无可忍了。于是，我穿上了一件法兰绒的袍子，睡在属于我个人的床上。

一天晚上我躺在床上，正为苏丹人代祷的时候，神的灵临到了我。我的祷告和我内心对苏丹的感觉没有任何关系，

从弃绝到医治
God's Remedy for Rejection

但是我却因之辗转反侧。我感觉里面有股紧急的催逼，我也清楚知道那是圣灵的提醒。我发现自己用一种超自然的爱在祷告，这爱是远高过我理智和情感所能达到的。

有时夜半时分，我会起身下床开始在房间踱步，突然一天我发现身穿的白色睡袍竟闪闪发光。这瞬间我意识到，在那个短暂时刻，我应是得到了那属天代祷者主耶稣的认同。

不久后，部队把我转到红海山丘周边一个穷困地方的小医院，当地居民管那地叫哈顿答瓦（Hadundawa）。当地居民野蛮又凶残，除了伊斯兰教，没有其他宗教信仰。大约一百年前，居民曾和英国人有过短暂的交战。那时英国士兵就给哈顿答瓦的居民取了一个绰号叫"毛毛熊"（fuzzy-wuzzy），因为当地男人把蓬乱如卷曲羊毛的头发，用羊羔油梳理直立在头顶上，有如顶着一个高约8英寸的小灌木丛般。

在这样的地方，我的战友士兵伙伴们都沮丧不已，但我却在那里度过了人生中最快乐的八个月，因为神将他对那边人的爱，放在了我的里面。因此，我得着了从主而来的恩典，为主赢得了在哈顿达瓦部落的第一个人，他在主面前承认了对基督的信靠。当我离开那地方和他告别的时候，轻轻的一声再见，都让我心碎不已。

在苏丹的那段时间，我也经历到神对当地居民大爱的点滴。不久我就意识到，这乃是因着神的爱正建造我的品格，我才能一步步进入完全。

8. 神涌流的爱

一年之后在巴勒斯坦，我遇到了我的第一任妻子吕底亚，也见到了她所照顾的女孩们。再一次，神将他奇妙的爱又充满了我的心。当时，无论是吕底亚还是我，都完全没有怀抱踏入婚姻的考虑，但最终我们结婚了。再一次，神将他奇妙的大爱浇灌在我心里，没有容让我的性情本相来掌管我。我的本相中满了自私、急躁、不耐烦、自我中心和情感迟钝，这当中没有一样能彰显基督的形象和品格。

我开始认识到，超自然经历神倾注的大爱是如此的美善，但是我们更需要愿意接受神来塑造我们的品格。神要让我们抽离超自然的爱以塑造我们的品格，好持续彰显他的爱。这是一个过程，一个漫长的过程，神会耐性地带领我们一步步经历。

而在品格塑造的过程中，神奇妙的话语扮演着至关重要的角色。

人若说"我认识他"，却不遵守他的诫命，便是说谎话的，真理也不在他心里了。凡遵守主道的，爱神的心在他里面实在是完全的。从此，我们知道我们是在主里面。人若说他住在主里面，就该自己照主所行的去行。

约翰一书二：4-6

请留意，在这里经文提到了主道，也就是神的话，而不是神的灵。在这里没有谈论超自然的经历，而是缓慢而稳定地，借着持续遵守神的话而来的品格塑造。如果我们忠实地按照基督的旨意行，顺服神的话，神的爱就会持续给我们带来完全和成熟。

这节经文就像一个铜板的两面。一方面我们爱神的证明就是遵守他的话，宣称爱神却不遵守他的话，是不具意义的；另一方面当我们遵守了神的话时，神就在我们的品格里面彰显他的爱。这两者是密不可分的，因为它们本为一体的两面。

按照使徒彼得的教导，品格建造有如下七个持续的阶段：

正因这缘故，你们要分外地殷勤；有了信心，又要加上德行；有了德行，又要加上知识；有了知识，又要加上节制；有了节制，又要加上忍耐；有了忍耐，又要加上虔敬 有了虔敬，又要加上爱弟兄的心；有了爱弟兄的心，又要加上爱众人的心。

彼得后书一：5-7

我们要从根基开始建造。"要分外地殷勤；有了信心，又要加上德行。"一切神所建造的起点就是信心，除此之外没有其他的起点。但是在神给了我们信心之后，接下来需要的则是持续的品格发展进程。

让我们按照彼得后书一章5-7节的教导，来持续品格建造的七个步骤。

8. 神涌流的爱

"有了信心，又要加上德行"，德行（virtue）这个词，我喜欢将它译为"杰出"（excellence，译注：希腊词中的"德行"也有"杰出"的含意）。杰出本当是基督徒的特征，做为基督徒，切忌懒散。如果在得救前你是个大楼管理员，那么信主后，就当成为一个更好的大楼管理员；如果之前你是名老师，信主后就当成为一名更好的老师；如果之前是一名护士，就当成为一名更好的护士。我们必须在我们的信心上再添加上"杰出"的标志。

约莫有五年时间，我在肯尼亚的一所教师培训学校担任校长。我的首要目的是让学生接受基督成为他们生命的主。当他们口里承认耶稣是主，并接受圣灵的洗后，有些时候他们会对我这么说："好啦！你现在可以不要再那么严格要求我了吧，我都已经是基督徒了，可以别再要求我更多了吧！"我会回答他们："恰恰相反，我会期望你更多。如果你在信主受洗前是一名教师，你应该在接受基督和受洗后加倍精进。我会期望更多，而不是更少。"

一旦当我致力于教育的"杰出"，神也会加添尊荣给我。在执教该校的第三年，当年的毕业班已经有五十七名品学兼优的男女学生。毕业考试时，每一个学生都通过了所有的科目。肯尼亚教育局一名专职教师培训学校的官员来到我们学校，向我致贺道："在所有的培训记录中，从来没有出现过这么优秀的记录，你们是首创先例。"

只是因为我按照圣经要求，追求杰出。让这些属世的官员看到我们学员的优异成绩，这是最好的宣教证明。基督信仰不是让你拥有懒散的借口。实际上，一个懒散的基督徒恰恰让他的信仰见证大打折扣。

"……又要加上知识。"首先，这知识指的是有关神旨意的知识和神话语的知识。属世的知识也很重要，特别是需要发展你职业领域的相关知识。但更重要的是：借着详尽学习神的话，发现并学习神在你生命各个环境中的旨意。

"有了知识，又要加上节制。"如果你不学会控制自己，控制自我的情绪、言语、爱好，以及会影响你的一切，那么你就不能在品格上有精进的发展。这一点请千万记得。

"有了节制，又要加上忍耐。"请再次特别注意！如果你不能学会忍耐，也绝不可能继续精进。若没有忍耐的功夫，每当你想往下一步发展时，多半就会放弃。

"有了忍耐，又要加上虔敬。"虔敬或圣洁，都是经由圣灵掌管我们的性情和生命的每个部分后，一步步逐渐培育出来的。

"有了虔敬，又要加上爱弟兄的心。"这就成了我们向世界的集体见证。主耶稣说：

> 你们若有彼此相爱的心，众人因此就认出你们是我的门徒了。

约翰福音十三：35

8. 神涌流的爱

"……**又要加上爱众人的心**"这爱是神圣的、属神的爱，是神为我们预备最完美的圣爱。圣灵将神的爱先浇灌在我们心中，但唯有因着我们品格的成熟，这爱才能到达巅峰。弟兄之爱与神的爱差别在于：弟兄之爱能让我们去爱那些同样爱我们的基督徒肢体；而神的爱则是让我们能去爱那些恨恶我们、迫害我们，不具爱心，甚至不可爱之人。

让我们再次回到弃绝这一主题。什么是你完全从伤害中得医治的证据？神是否能借着你，将他属天的爱带给那曾经弃绝过你的人？你是否能够对不爱你的双亲说"我爱你"？你是否可以为你已离异的配偶祷告，求神祝福他（她）？这些都是我们凭己力不可能做到的事，但是神的爱是超越自然的，是超越我们凭自己努力所能达成的。

这将是从弃绝、背叛和羞耻的伤害中得医治后得到的最大祝福，使你可以成为神爱的器皿，叫那些和你一样曾被伤害过的人，经历神的大爱和医治。

关于作者

叶光明（Derek Prince, 1915-2003）生于印度，父母都是英国人，曾就读于英国最有名的两所学校—伊顿公学和剑桥大学，成为希腊文和拉丁文的学者。他从1940到1949年于剑桥的国王学院主持古代与现代哲学研究（相当于教授职位）。他也在剑桥大学耶路撒冷的希伯来大学研究希伯来文与和亚兰文（Aramaic），此外他也能说好几种现代语言。

二次大战期间他服役于英军，在医院担任医护员，有一次与耶稣基督面对面的经历，从此人生彻底改变，关于那次相遇经历，他曾写道：

从这次相遇，我获得从此没有理由改变的两个结论：第一，耶稣基督是活着的；第二，圣经是一本真实的、与现代人切身相关的书。这两项结论使我的人生彻底大转向。

二次大战结束，他从驻扎于耶路撒冷的军队退役，留在当地，后来跟莉迪亚（Lydia Christensen）结婚，当时莉迪亚已在耶路撒冷创立一所儿童之家。婚后他立即成为莉迪亚收容的八名女儿的父亲。这一家人共同目睹了1948年以色列国家的重生，后来他们又收容了第九个女儿，一个非洲的小女孩，这时叶光明夫妇在肯尼亚一所师范学院担任校长。莉迪亚于1975年逝世，几年后叶光明再婚，他遇见了第二任妻子路得（Ruth），像第一任妻子一样，也是在耶路撒冷服事主时相识的。路得有三个孩子，于是叶光明的家庭成员共有十二人，后来又增添许多孙子女和曾孙子女。现在路得也回天家，与主同在了。

叶光明清晰、无宗派又不分种族的教导方式，为他开启许多服事的门，不同种族和宗教背景的人都喜欢听他的教导。他被各国广泛认为是这时代最佳解经讲员之一。他的每日广播节目"成功人生的关键"（Keys to Successful Living）遍及半个地球以上，包括被翻译成阿拉伯语，五种华语（普通话、厦门话、广东话、上海话和汕头话)、克罗地亚语、蒙古语、西班牙语、俄罗斯语和汤加语。他的著作超过四十本,教导录音与影像带更是不计其数,许多都被翻译成六十种以上的外语。

他的书籍、录音和影像带借着叶光明事工团的全球外展领袖计划,免费送到第三世界、东欧和俄罗斯的本地基督徒领袖手上。

叶光明牧师年过八十依然巡回世界各国,分享神所启示的真理,为有病的和困苦的人祷告,从圣经的角度分享他对世界大事的真知灼见。

叶光明事工团的国际总部设于北卡罗来纳州夏洛特市,在澳洲、加拿大、德国、新西兰、新加坡、南非和英国等地都有分部办公室。

中国大陆免费下载叶光明书籍和广播资源网站

www.yeguangming.com.cn

中文叶光明书籍和广播资源可以通过搜索
"Ye Guang Ming" 或 "YGM" 或 "叶光明"
下载应用程序到手机或平板电脑阅读和收听。

中国大陆索取叶光明书籍和讲道资源，
可以联系 feedback@fastmail.cn

如何在智能手机上安装应用程序(App)

可复制网址到智能手机的浏览器，或使用二维码安装适用于您智能手机的应用程序 (App)

iPhone/iPad手机下载网址：

https://itunes.apple.com/sg/app/ye-guang-ming-ye-guang-ming/id1028210558?mt=8

若干安卓手机下载地址如下，供您选择：

https://play.google.com/store/apps/details?id=com.subsplash.thechurchapp.s_3HRM7X&hl

http://zhushou.360.cn/detail/index/soft_id/3198739?recrefer=SED_%E5%8F%B6%E5%85%89%E6%98%8E

叶光明事工微信公众平台：

如果您对叶光明事工的资料有任何反馈或愿意作出奉献支持事工，请email联络我们：电子邮件 feedback@fastmail.cn

www.ingramcontent.com/pod-product-compliance
Lightning Source LLC
Chambersburg PA
CBHW071313040426
42444CB00009B/2006